Elke Bähler, Geistige Heilerin, Hypnosetherapeutin,

Systemische Moderatorin IKH, Theta-Atemcoach

und Schamanin

Schamanische Reisen

Abenteuerreisen der besonderen Art

AF139029

Impressum:

Elke Bähler

Neubergliweg 21

CH-4107 Ettingen

menschundtier@gmx.net

www.praxis-menschundtier.com

++41 (0)61 721 46 11

++41 (0)79 771 95 03

Lektorin: Brigitte Schenk

Herstellung und Verlag
BoD-Books on Demand, Norderstedt
ISBN: 978-3-7322-4316-7

Juni 2013, 1. Auflage

Die Autorin:

Das bin ich,

Elke Bähler,

Schweizerin,

geboren 1956 in Deutschland, lebe seit 1979 in der Schweiz und empfinde es als Privileg, in diesem wunderschönen Land zu sein. Vor einigen Jahren begann es. Mit fast 50 Jahren wurde ich in mein jetziges Leben geführt. Ich liess es geschehen und lief los. Bis dahin Kopfmensch wurde ich zu meinem Herzen geführt, da wo ich wirklich zu Hause bin. Seither gehe ich Schritt für Schritt vorwärts und entwickle mich jeden Tag weiter. In der Zwischenzeit kann ich sagen, dass ich angekommen bin, bei mir und dem, was ich machen möchte: Menschen und Tiere dabei zu unterstützen, mit mehr Lebensqualität zu leben.

Juni 2013

Inhalt

Vorwort

Liebe Leserin, Lieber Leser

Mit diesem Buch ist etwas sehr Persönliches, ja geradezu Intimes entstanden. Ich erzähle von einem wichtigen Teil meines Lebens, weg vom realistischen Kopfmensch, hin zum spirituellen, intuitiven Herzensmensch. Meine Erlebnisse, meine Erfahrungen sollen aufzeigen, was alles möglich ist, wenn man es zulässt. Vielleicht findet sich der Eine oder die Andere wieder, hat Ähnliches erlebt oder wird zum Nachdenken angeregt.

Weil wir alle miteinander verbunden sind!

Geh nicht allein auf die Reise. Suche dir einen Lehrer/eine Lehrerin, der/die dich anleitet, dich begleitet. Einige Reisen sind nicht ungefährlich, man sollte sie nicht ohne Erfahrung machen und es sollte unbedingt jemand dabei sein, der sich mit dem Reisen an diese Orte auskennt. Zu deinem Schutz. Nimm das nicht auf die leichte Schulter.

Es ist wichtig, keine Experimente auf diesem Gebiet zu machen. Man sollte seine Kenntnisse realistisch einschätzen können. Mein Buch ist auch nicht dazu gedacht, eine Anleitung zum Schamanischen Reisen darzustellen. Ich möchte nur beschreiben, was ICH erlebt habe. Jede/r wird andere Dinge erleben.

Im Heute treffe ich immer wieder auf Suchende, auch auf solche, die Hinweise erhalten, aber nicht immer etwas damit anfangen können. All denen möchte ich sagen: es ist so einfach, folge deiner Intuition, vertraue, öffne dich für Neues, höre auf dein Herz, schick deinen Verstand ab und zu mal in die Ferien. Ihn braucht es zeitweilig nicht, jedenfalls nicht für das Wesentliche.

Und noch etwas möchte ich euch ans Herz legen. Sucht nicht zu weit entfernt und nicht im Aussen. Alles, was ihr braucht, ist bereits in euch. Lasst es zu, dass es für euch zugänglich wird, um es wirklich zu begreifen."

Wie es begann

Nach einem 5-wöchigen Sprachaufenthalt in Montreal Kanada stand für mich fest, dass ich im folgenden Jahr dieses wunderbare Erlebnis fortsetzen wollte.

Es war im April des folgenden Jahres, als ich in einem Heft blätterte und mein Blick an einem halbseitigen Inserat hängen blieb. Da stand „Gebissloses Reiten auf Teneriffa", auf dem Foto ein Pferd auf dem Boden liegend, ein Reiter mit Cowboyhut lässig an das Pferd gelehnt.

Schlagartig war mir klar, warum ich nie, wie meine Schwestern, reiten wollte. Mich störte die Trense (das Metall) im Maul des Pferdes. Und ich erfuhr hier zum ersten Mal, dass es eine Alternative gibt. Ich begann, euphorisch zu werden. Das wollte ich unbedingt erleben. Jetzt wollte ich reiten lernen, unter diesen Umständen und auf Teneriffa. Ich besprach mich mit meinem Sohn, auch er war interessiert und wollte mit.

Sogleich informierten wir uns im Internet und waren begeistert von den Fotos der Finca. Ein Grundkurs war für Ende Juli geplant. Sofort fragte ich an und bekam eine sehr freundliche Antwort, sie würden sich auf uns freuen und wären uns auch behilflich, wenn wir ein Auto mieten wollten etc. etc.

So kamen wir auf die Finca nach Teneriffa (auch das mit dem Mietauto hatte wunderbar geklappt). Wir mussten vom Süden in den Norden fahren. Dort war es weniger kahl und heiss. Je nördlicher, je gebirgiger, also es wurde immer schöner.

Wir wurden familiär herzlich empfangen und fühlten uns von der ersten Minute an rundum wohl. Wir lernten auf eine ganz besondere Art den Umgang mit dem Pferd. Wir lernten das Reiten und konnten bereits nach kurzer Zeit an Ausritten in die Berge teilnehmen. Welch ein Glück, dies alles erleben zu dürfen. Ich konnte es kaum fassen.

Die Besitzer der Finca erzählten von den Gruppen

der letzten Tierkommunikationskurse, was sie dort alles über ihre Tiere erfahren haben. Erstaunlich, ergreifend, unglaublich!

So erfuhr ich in dieser ersten Woche, dass es etwas gibt, was ‚Tierkommunikation' heisst. Zurück von unserem ersten Teneriffa-Trip meldete ich mich sogleich für einen Kurs an, um Tierkommunikation zu lernen.

Von nun an waren wir jedes Jahr einmal, manchmal zweimal auf Teneriffa, haben ein einwöchiges Trekking erlebt, unzählige Halbtages- und Tagesritte gemacht, enorm viel gelernt, wunderbare Menschen und Tiere kennen gelernt und unvergessliche Stunden erleben dürfen.

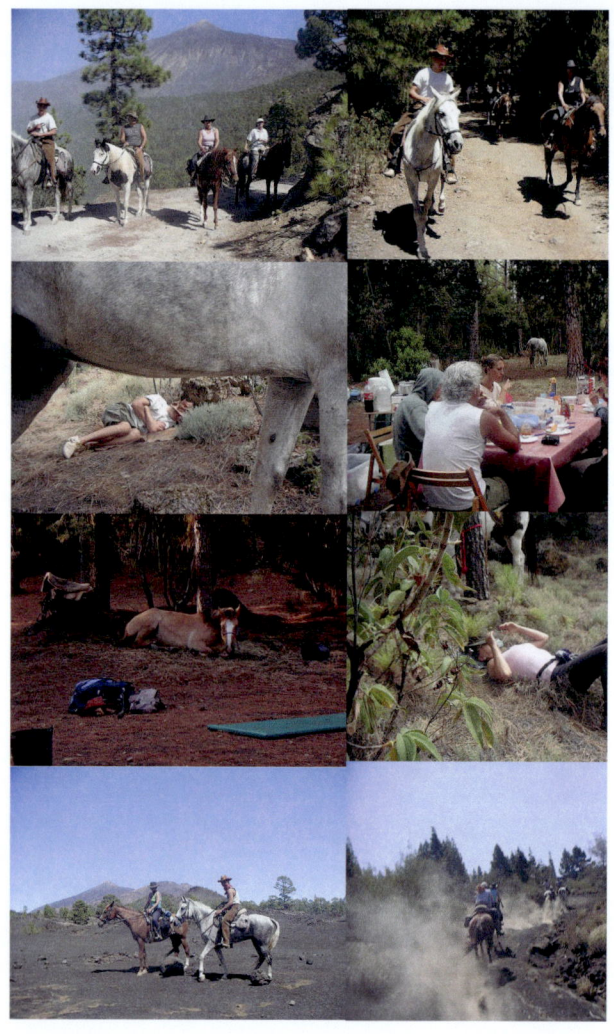

Impressionen von unseren Reiterferien im Norden von Teneriffa. Besonders schön für mich, dass mein Sohn, damals 17 Jahre alt, mich auf diesen Reisen begleitete.

Leider gibt es die Finca nicht mehr.

Tierkommunikation

Wie aufgeregt ich war, als ich da in einer Runde von etwa 20 Personen sass. Was wird auf mich zukommen? Was werde ich erleben?

Nach einigen Vorübungen sassen wir uns zu Zweit gegenüber, dachten an eine Farbe und schickten sie uns telepathisch gegenseitig. Fantastisch, es klappte. Dann sollte sich jeder einen Raum in seiner Wohnung vorstellen und diese Gedanken dem Gegenüber senden. Wahnsinn, ich konnte Dinge sehen und beschreiben, die mir mein Gegenüber per Gedankenkraft geschickt hatte.

Dann vertieften wir uns in Fotos von Tieren und auch hier klappte es vorzüglich. Ich beschrieb Dinge, welche die Besitzerin des Tieres bestätigte. Neben mir sass ein Ehepaar mit einem Hund, der zu ihren Füssen lag. Ganz ruhig war er. Ich war gerade dabei, mich in ein Foto zu vertiefen, als meine Aufmerksamkeit magnetisch zu diesem Hund gezogen wurde. Ich wurde von einer solch tiefen Traurigkeit erfasst, dass mir die Tränen nur so aus den Augen schossen. Es schüttelte mich regelrecht. Wie peinlich war das denn? Alle still auf ihre Fotos konzentriert und ich musste laut schluchzen. Als ich einigermassen sprechen konnte, erzählte ich, was mir passiert war. Es war nur dieses heftige Gefühl da. Die Besitzerin des Hundes erzählte, dass ihr zweiter Hund vor wenigen Tagen gestorben sei. Die Hunde waren die besten Freunde, wuchsen zusammen auf, der andere war die Leithündin, nun war er hier allein, sehr traurig und hatte grosse Mühe, allein klar zu kommen. Jetzt war mir bewusst, woher dieser Schwall von Trauer kam. Ich hatte noch den Rest vom Tag daran zu knabbern. Erst am nächsten Tag, sie hatten den Hund nicht mehr dabei, konnte ich mich wieder auf Anderes konzentrieren. Das war ein eindrückliches Erlebnis!

Aber ich hatte auch immer wieder grosse Zweifel. Reime ich mir da was zusammen? Denke ich mir Geschichten aus?

Obwohl ich meist richtig lag mit meinen Aussagen, quälte ich mich mit meinen Zweifeln herum. In der Zwischenzeit weiss ist, dass es dazu gehört und auch wichtig ist, sich selbst immer wieder zu hinterfragen. Gleichzeitig habe ich aber soviel Vertrauen in mich, dass ich mit viel Liebe und Demut annehme, was mir an Bildern, Gedanken und Gefühlen übermittelt wird.

An einem der Fortsetzungskurse lernte ich eine Frau kennen, die bei der Vorstellungsrunde erwähnte, dass sie gerade eine Ausbildung als Tierheilpraktikerin begonnen habe. In der Pause sprach ich sie an und wollte alles darüber wissen. Ich hörte zum ersten Mal davon, dass es so etwas gab und war sehr interessiert.

Es dauerte dann noch ein halbes Jahr, bis ich mich dazu entschloss, diese Ausbildung, die berufsbegleitend jeweils am Wochenende stattfand, zu beginnen. Ohne es genau überlegt zu haben, wusste ich plötzlich, dass ich künftig mit Tieren arbeiten wollte.

Es folgte eine anstrengende Zeit. 100% Bürojob, zusätzlich über 30 Abendsitzungen pro Jahr zu mindestens 2 Stunden, bei denen ich Protokoll führte (also stets konzentriert anwesend sein musste), sowie an den meisten Wochenenden des Jahres Schule. Daneben noch das Gehörte vertiefen und lernen.

Dazu war ich aber auch noch allein erziehende Mutter eines damals 15-jährigen Sohnes. Ich kann mich glücklich schätzen, dass gerade er sich mich als Mutter ausgewählt hat, denn es gab nie Schwierigkeiten, im Gegenteil, er hat mich in allem unterstützt und sich nie gewundert, was seine Mutter da wieder so von sich gibt. Er ist eben auch eine alte Seele mit viel Wissen.

Noch während der Ausbildung zur Tierheilpraktikerin kam ich mit dem Schamanismus in Berührung, traf einen Lehrer und begab mich mit ihm und einer Handvoll Gleichgesinnter auf den Weg. Eine spannende und prägende Zeit begann. Wie ich das organisatorisch und von der benötigten Energie her alles geschafft habe, ist mir ein Rätsel geblieben. **Es war wohl die richtige Zeit für das alles. Ich fühlte mich oft, wie an Fäden geleitet und begleitet. Gleichzeitig mit diesem Empfinden und dem Erleben von so vielen glückseligen Momenten manifestierte sich in mir ein Urvertrauen, von dem ich mich tragen liess und heute noch tragen lasse.**

Mit diesem Urvertrauen liess ich einige wenige Jahre später einen gut bezahlten Bürojob los und begab mich in die Selbständigkeit. Und ich wurde eine Suchende. Was genau, wusste ich gar nie so genau. Ich interessierte mich für vieles, bildete mich auf verschiedenen Gebieten weiter, wurde von einer Ausbildung zur anderen geführt, hatte aber nie ein festes Ziel vor Augen. Wie ein Kind im Spielzeugladen ging ich staunend und mit offenen Sinnen vorwärts. Als erwachsener Mensch sollte man doch klare Ziele definieren, oder? „Wenn man im Navigationsgerät kein Ziel eingibt, kommt man nirgends an" – auch so ein toller Spruch. Ich bin mir nicht sicher, ob ich unbedingt irgendwo ankommen wollte. Mich trieb es einfach nur vorwärts, weg von meinem bisherigen Trott, hin in ein interessantes Leben voller Neuem.

Erst vor kurzem habe ich erfahren, gespürt, was ich wirklich bin, was meine Aufgabe, meine Herzensangelegenheit ist. Nach langen Umwegen bin ich bei den Ursprüngen der Heilung angekommen, dem Geistigen Heilen und beim Atmen (das machen wir ja sowie so den ganzen Tag, warum nicht gleich heilend?). Ich gleiche Energien aus und begleite Menschen dabei, heil zu werden. So habe ich auch meine Aufgabe als Schamanin (Vermittlerin zwischen den Welten), erst jetzt richtig verstanden. Deshalb habe ich auch erst vor kurzem, nach vielen Jahren, meinen schamanischen Namen erhalten: Shanaya = Ich gehe meinen Weg. So ist es!

Schritt für Schritt wurde ich begleitet von meinen Spirits, diese wunderbaren Helfer, die mir an die Seite gestellt worden sind. Ich spüre sie und sie sind auf Aurafotos sogar sichtbar.

Natürlich ist es nie vorbei, dass ich mich weiter entwickle. Ich habe nach wie vor Interesse an vielem. Aber ich stürze mich nicht mehr in Ausbildungen. Allerdings bilde ich mich regelmässig weiter, vor allem in der Systemischen Arbeit (Familienaufstellen). Ich lese Bücher, spüre hinein, ob und was ich in meine Arbeit integrieren könnte und meist verwerfe ich es, weil ich merke, dass ich schon vieles, was ich brauche, habe. **Das Suchen ist beendet. Das Lernen aber natürlich nicht.**

Der Schamanismus

Der Schamanismus gilt als Ursprung der Religion, Medizin und Psychologie. Der Schamane verbindet die alltägliche und die nicht-alltägliche Wirklichkeit mit Hilfe von geistigen Reisen, Träumen und Visionen. Wesentliches Element der schamanischen Arbeit ist die Trance, in der die Seele des Schamanen seinen Körper verlässt und reist. Die Trance wird durch rhythmisches Trommeln oder Rasseln erreicht (Vorsicht bei Epilepsie, die Frequenz kann epileptische Anfälle auslösen!). Diese Art der Reise wird sehr unterschiedlich entsprechend der jeweiligen Kultur und des jeweils Reisenden beschrieben. Der eine erlebt eine völlig verfremdete Traumwelt, die ihn in absolut unbekannte Sphären führt, der andere reist eher in „unserer Welt" und sieht sich in einer ganz normalen Landschaft. In der Regel trifft man dabei Krafttiere, Engel und andere Geistwesen und Helfer, die uns unterstützen.

Diese Reisen führen in die **Untere Welt**, wo wir unsere Vergangenheit finden und entsprechend auch heilen können, und in die **Obere Welt,** wo wir unsere Vision finden. Hinzu kommt noch die **Mittlere Welt**, vergleichbar mit der realen Welt. In diesen Welten ist der Schamane in der Lage, diese Welt aktiv zu verändern, er erträumt eine neue, andere Welt. Da die Vergangenheit „nur" aus gespeicherten Erfahrungen besteht, werden diese Erinnerungen nachhaltig im Unbewussten verändert und die Vergangenheit ist eine andere. Verstrickungen und Bindungen werden aufgelöst (das Gleiche findet sich auch in der Hypnosetherapie wieder), Vergebung und Dankbarkeit sind hier wichtige Aspekte. So wird der Schamane zum Mittler zwischen den Welten. Er vermittelt zwischen unserem Unterbewusstsein und Verstand und Seele. Er ist ein Heiler von Beziehungen, Beziehungen zwischen Menschen, zwischen dem Menschen und seiner Umwelt.

Die Kunst des Schamanischen Reisens nimmt einen großen Raum ein, das aktive Verändern der Vergangenheit und das Erträumen der Zukunft ist fester Bestandteil. Durch bewusste Visualisierung, Suggestion und Affirmation erträumt der Schamane seine Zukunft, denn auch die Zukunft ist nur ein gedankliches Konstrukt auf Basis der gespeicherten Vergangenheit. Nur unterscheidet der Schamane nicht in eine reale – unsere – Welt und (die anderen) Traumwelten. Für ihn ist auch unser Leben ein Traum, alles ist ein Traum. Auch sieht er das Wissen der Menschheit als im kleinsten Teilchen gespeichert, jeder Stein, jede Pflanze enthält für ihn alle Informationen, alle Gedanken, die je gedacht wurden. Und so hat in seiner Welt auch alles eine Seele. Vielleicht ist aber auch alles eins und wir sprechen nur über eine einzige Seele mit verschiedenen Seinsformen?

So ist die Grundlage des Schamanismus ein ganzheitliches, naturverbundenes Denken. Die schamanische Philosophie geht davon aus, dass alles was existiert, miteinander verbunden ist und in steter Wechselwirkung steht.

Schamanische Arbeit gibt unserer modernen Welt einen Teil des verloren gegangenen Zaubers längst vergessener Zeiten wieder und so stellen wir fest, dass von ‚primitiven' Völkern genutzte Rituale auch heute noch (oder wieder) ihren Sinn und auch nie ihre Kraft verloren haben. Über Rituale der Indianer Nordamerikas, finden wir wieder dorthin, wo wir vor tausenden von Jahren bereits einmal waren. Auch wir hatten in Europa den Schamanen vergleichbare Menschen, bei den Kelten waren es die Druiden, in unseren Breiten die Hexen oder heilkundigen Frauen, die sich aufgrund der Verfolgung beginnend im Mittelalter – und in manchen Ländern bis zum heutigen Tage – zurückzogen und verstecken mussten.

Viele geführte Meditationen und Mentalreisen, wie sie im modernen Coaching und in der Therapie genutzt werden, haben im Schamanismus ihren Ursprung. So ist der Schamane eine Art ganzheitlicher Vorgänger der modernen Medizin, bevor diese sich in die verschiedensten Richtungen aufgeteilt hat. Er hat erkannt, dass unsere Krankheiten und Probleme aus uns selbst kommen, dass wir sie nur in uns selbst heilen können. Und da dies auch in der Medizin mehr und mehr erkannt wird, finden diese beiden Wege vielleicht irgendwann wieder zusammen, so wie wir in uns selbst unser Unbewusstes, unseren Verstand und unsere Seele wieder integrieren. Eine spirituelle Dimension in der Heilung wird mehr und mehr anerkannt. Im Dialog mit Medizin, Therapie und auch Religion kann der Schamanismus neue Sichtweisen und Möglichkeiten eröffnen. Es werden die Beziehungen zwischen Menschen, Tieren, Pflanzen, Steinen, der Natur, der Elemente und der Geisterwelt geregelt und geheilt.

Mit den Werkzeugen der Schamanen ist es nun möglich, über die materielle Erscheinungswelt hinauszugehen, in andere Welten einzutauchen und mit unterschiedlichen Daseinsformen in Kontakt zu treten. Dadurch kommen wir wieder zu unserer ursprünglichen Kraft, entdecken Lösungen für anstehende Probleme und können körperlich, geistig und seelisch die Mitte finden.

Erste Reise in die Untere Welt

Finde dein Krafttier

Ich hatte grosse Mühe, einen Weg nach unten zu finden. Habe es in Baumwurzeln und Mauselöchern versucht, aber es gelang nicht. Dann war plötzlich klar, wie es geht. Ich sah mich an einem einsamen Strand, hinter mir Felsen, eine kleine Bucht, vor mir das Meer. Ich schwamm eine Weile ins Meer hinaus und tauchte dann hinunter.

Als ich unten auf dem Meeresgrund ankam, war es zwar kalt und feucht, aber hell. Ich stand in einem Wald (halbdunkel) und rief nach meinem Krafttier. Es kam ein grosser Hirsch mit einem Riesengeweih. Ich fragte ihn, ob ER mein Krafttier sei. Er zeigte sich von allen Seiten, dann nickte er erhaben mit dem Kopf. „Welche Fähigkeiten hast du?" fragte ich ihn. „Kraft, Mut und Energie. Setz dich auf mein Geweih und ruh dich aus. Du brauchst das. Ich gebe dir zusätzliche Kraft, damit du alles schaffst, was du dir vorgenommen hast. Es ist sehr viel und du musst immer auch Ruhe für dich finden. Das ist wichtig." sagte er.

Im nächsten Moment sass/lag ich auf seinem mächtigen Geweih. Überraschenderweise war es sehr weich und gemütlich.

Leise wiegend, fast schwebend lief er mit mir am Waldrand entlang bis wir an dem Rand eines Felsens ankamen. Wir schauten durch ein Felsloch nach unten in eine andere Ebene, auf hellgrünes Gras, kleinere Felsen, Bäume, eine friedliche Landschaft. Ich hatte das Gefühl, dass ich diesen Ort bereits aus Träumen kenne, zuvor schon in einem anderen Leben oder in der Wirklichkeit gesehen hatte. „Wie du dort hinab kommst, zeige ich dir das nächste Mal." sagte er.

Ich verabschiedete mich und kam vom Waldrand aus durch das Meer wieder nach oben.

Mein Lehrer in der Unteren Welt

Auf meine Bitte, mich zu meinem Lehrer in der unteren Welt zu bringen, brachte mich mein Krafttier, wie besprochen, vom Felsloch aus hinab in diese schöne Landschaft. Ich durfte dazu wieder auf seinem Geweih Platz nehmen.

Zum ersten Mal betrat ich diese wunderschöne Landschaft. Der hellgrüne Untergrund war ganz weich. Blumen in allen Farben überall. Licht, scheinbar heller als die Sonne umgab mich. Es war warm und angenehm. Ich lief eine Weile über den weichen Untergrund. Es war nicht wirklich Gras, es sah nur so aus. Es war viel weicher, eine Mischung aus Watte und Moos.

Hinter mir war die Felswand mit dem Felsloch, von dem ich kam, vor mir nur diese lichtdurchflutete Landschaft, soweit mein Auge reichte. Ich lief also los und kam an einer Bank an. Sie war aus schwerem verzierten Gusseisen. Die Sitzfläche und die Rückenlehne bestanden aus glänzenden Holzbrettern, ganz glatt, weiss und warm. Weil sie so einladend aussah, setze ich mich darauf und schaute in die Ferne.

Plötzlich wurde ich wie magnetisch hochgezogen und ging in die Richtung, aus der die Anziehung kam. Ich wurde von einer Lichtgestalt mit weit ausgebreiteten Armen empfangen. Ganz selbstverständlich umfingen mich diese Arme. Ich fragte: „Wie werde ich meine Zweifel los?" Die Lichtgestalt antwortete: „Du willst immer zuviel und alles sofort. Fühl dich jetzt erst einmal beschützt."

Es war angenehm wie auf einer Wolke. Ich musste nicht stark sein, keine Entscheidungen treffen und nicht voraus denken. Ich liess mich einfach fallen und halten. Es war so schön, dass mir die Tränen kamen. Nie hätte ich es für möglich gehalten, dass es so etwas geben könnte. Dass ich mich so geborgen, so beschützt fühlen könnte. Ich genoss es einfach.

Zeit spielte plötzlich keine Rolle mehr. Hier war Zeit kein Thema. So verabschiedete ich mich für dieses Mal, bedankte mich und verliess diesen schönen Ort.

Erst Jahre später wurde mir bewusst, dass dies Jesus war, mein Hohes Selbst, dem ich immer wieder auf diese Weise begegnen durfte.

Erste Reise in die Obere Welt

Auch hier suchte ich verzweifelt nach einem Zugang in die Obere Welt. Ich musste selber schmunzeln, als ich plötzlich ganz ruhig wurde und wie selbstverständlich oben auf dem Matterhorn stand und mich auf einer Strickleiter befand, die weiter nach oben führte.

Ich stieg weit, weit nach oben, befand mich eine Weile in einer Wolkendecke und anschliessend in einem riesengrossen runden Glasraum, der aus Kristallen bestand. Die Farben gelb und abricot durchfluteten den Raum. Da ich mir in diesem gewaltigen Raum etwas verloren vorkam, rief ich nach meinem Krafttier.

Dieses Mal sah ich einen Elch. *Dazu muss ich sagen, dass ich lange hin und her gerissen war zwischen Hirsch und Elch. Weil es auf dem Geweih vom Hirsch immer so weich und bequem war, dachte ich oft, es sei vielleicht doch ein Elch. Inzwischen bin ich sicher, dass es immer der Hirsch war, der bis heute mein Krafttier geblieben ist.*

Mein Krafttier kam und sagte: „Ich stehe dir bei."
Auf meine Frage: „Was bedeutet der Schamanismus für mich und wie setze ich ihn als Heilung
ein?" erhielt ich folgende Antwort: „Der Schamanismus ist für dich eine Kraftquelle, eine Energie-
quelle, Hilfe zur Selbstheilung."

Mit meinem Krafttier verliess ich diesen Ort.

Von diesem Tag an wurde dieser Ort, dieser Kris-
tallpalast, wie ich ihn nenne, zu einem wichtigen
Ort für mich. Ich befinde mich stets direkt dort,
wenn ich es möchte. Die Strickleiter vom Matter-
horn her musste ich nur einmal gehen.

Erste Reise in die Mittlere Welt
zur Weiblichkeit

Mein Krafttier brachte mich auf seinem Geweih durch den Wald an eine Lichtung. Da stand mein Korkenzieherweidenbaum in voller Pracht mitten auf einer Lichtung in der Sonne.

Ich stellte ihm meine Frage: „Wie erlange ich mehr Nähe zu meinem Partner?"

Antwort: „Vergiss deine eigene Emanzipation. Du hast es nicht nötig, das herauszustellen. Du bist längst emanzipiert. Bringe deine weibliche Seite mehr zum Ausdruck. Zeige deinem Partner, wie wichtig er für dich ist. Drücke aus, was wichtig an ihm ist, was du an ihm liebst. Sei ruhig verletzlich, du weißt jetzt damit umzugehen. Du verlierst nichts, kannst nur gewinnen. Schau zu, was passiert."

Reise in die Mittlere Welt
zum Geist er Träume

Ich lief mit meinem Krafttier durch einen grauen Nebelschleier. Der Geist der Träume erschien als graue Nebelgestalt.

Ich fragte ihn, ob ich einen Traum meines Sohnes deuten dürfe. „Das ist nicht erlaubt, das macht jeder selber", sagte er.

Ich erinnere mich daran, dass ich in meinen Träumen nicht weglaufen kann, wie angewurzelt stehe. Was bedeutet das?

„Hast du es schon mal mit kriechen versucht? Gehe in kleinen Schritten vor!"

Ja, so einfach ist es. Es ist immer einfach, nur wir machen es kompliziert.

Für die Deutung von Träumen von anderen ist ein klarer Auftrag nötig.

Reise zur Initiation als Schamanin in die Untere Welt

Der Auftrag ist, eine Reise in die Untere Welt zu unternehmen mit dem Stichwort „Zerstückelung"

Der Weg zu meinem Kraftplatz in der unteren Welt führt mich wieder vom Meeresgrund zum Felsloch und dann hinunter in diese wunderbare weiche Landschaft, getaucht in gleissendes Licht, Farbenpracht und Stille.

Mein geistiger Lehrer der Unteren Welt empfängt mich wie immer mit ausgebreiteten Armen, die für mich die vollkommene Geborgenheit bedeuten. Mein Krafttier, der Hirsch, steht neben mir. Ich schildere, mit welchem Auftrag ich hergekommen bin. Augenblicklich spüre ich, wie lange, elastische Bänder uns verbinden. Aus dem Hintergrund tauchen andere Tier auf, Hasen, Rehe, Eichhörnchen, Elefanten, Tiger, Vögel und viele mehr. Sie stehen um uns herum. Mit ihnen verbinde ich mich auf die gleiche Weise mit langen elastischen Bändern.

So ,gesichert' schwebe ich über mein Leben. Wie unwichtig erscheinen mir meine Probleme im Büro nun. Ich spüre, wie ich über den Dingen stehe, vermeintliche Probleme überhaupt keine Bedeutung für mich haben.

Zufrieden komme ich zurück, verabschiede mich von all meinen Helfern und meinem geistigen Lehrer und steige über das Wasser wieder in die reale Welt zurück.

Die Deutung meines Schamanen-Lehrers:
„Eigentlich wird ein Prozess der Zerstückelung und Neuerschaffung erlebt. Du hattest eine Sicht auf Probleme in übergeordneter Weise mit gleichzeitiger Verbundenheit. Das ist etwas Besonderes. Willkommen im Club."

Er meint: willkommen im Club der Schamanen!

Ich wurde für würdig empfunden, eine solche sein zu dürfen.

Reise zu den Sternen

Wieder begleitet durch die Trommel nimmt mich eine Windboe mit nach oben in den Kristallpalast. Ein weisses Schmetterlingswesen empfängt mich freundlich lächelnd.

Es bringt mich in einen grossen halben Edelstein, eine Bergkristalldruse, hell erleuchtet. Es befinden sich Sitze rund herum, ganz weich. In der Druse gibt es ringsherum Ausbuchtungen. In jeder Ausbuchtung sitzt ein Tier. Es sind die Tiere, mit denen ich durch ein Band während meiner Einweihung verbunden war. Ich schaue mich staunend um, mehr nicht. Das Schmetterlingswesen sagt: „Du darfst jederzeit wiederkommen."

Mein Krafttier (Hirsch) kommt herein und nimmt mich mit. Es wird hell – dunkel – warm – kalt – bis wir die farbige Erde sehen.

Da möchte ich wieder hin!

Kraftobjekte in der Natur finden

Hier handelt es sich nicht um eine Reise, sondern um real Erlebtes:

Wir befinden uns in einem unbekannten Wald in Deutschland in der Nähe von Rust. Gleich dem ersten Baum, der mich anzog, stellte ich meine Frage: „Ich möchte gerne einen Hund. Wie kann ich das mit meinem Job vereinbaren?"

Antwort: Ich sehe einen Babyhund (dabei hatte ich an einen sozialisierten Hund aus dem Tierheim gedacht). „Er wird dich finden, dann bist du bereit, für ihn da zu sein."

Beim Streichen über den Baumstamm löste sich ein Stück Rinde „Dein Weg ist noch nicht zu Ende"

Beim nächsten Baum, der mich zu sich rief, fand ich am Boden eine kleine Feder, was mein Herz zum Springen brachte und mir ein Lächeln ins Gesicht trieb.

Durch das Dickicht ging ich weiter zum nächsten Baum, der mich magisch anzog. Ich folgte der Eingebung, das Grün vom Baumstamm weg zu ziehen. Die schönsten, besten Düfte stiegen zu mir auf. Besser als Parfum, frischer, würziger. Ich fand zwei Schneckengehäuse und einen Stein.

Seit dem Tag werden mir Federn als Zeichen geschickt.

1½ Jahre später kam meine Gordon Setter Hündin Akira auf die Welt und ich wusste schon vor ihrer Geburt, dass sie es ist, die für mich bestimmt ist. Sie hat mich gefunden!

Kontakt mit dem Deva der Gegend aufnehmen

Die Devas sind lichte Wesen, sie kümmern sich um Pflanzen, Tiere, Gewässer und Mineralien – sie sind sozusagen die Hüter des Naturreiches.

Ich treffe auf einen kleinen, weissen Gnom (ich nehme diese Energie wahr). Es hat ihm nicht gefallen, dass ich gestern kreuz und quer durch den Wald gelaufen bin und gedankenlos Pflanzen zerstört habe.

Er führt mich über einen steinigen Weg zu einem Hochsitz. Ich steige hinauf. Ein Freund kommt summend auf dem Weg vorbei. „Siehst du, er hält sich an die Regeln." „Ist ja gut, ich hab es jetzt begriffen." Der Deva wendet sich mir zu: „Schau dich um und erfasse das Leben."

Die Geister der Natur arbeiten Hand in Hand, ohne grosse Auseinandersetzungen. Sie akzeptieren den Kreislauf, wollen nicht ständig etwas ändern. Meine Frage: „Warum gibt es dann dich als Aufsicht, als Höhergestellten?" Antwort: „Jedes Wesen braucht etwas/jemanden, an den es sich anlehnen kann, der/das ihm den Rücken stärkt." Ich frage ihn: „Wen hast du?" „Die Ahnen der Bäume sind mir eine grosse Hilfe."

Ich beobachte ein Reh und nehme Kontakt mit ihm auf. „Alle guten Geister dieses Waldes können es nicht verhindern, dass uns immer mehr Raum genommen wird. Du bist der erste Mensch, der mit mir spricht." Es legt sich ins Gras und geniesst die Sonne. „Solche Momente liebe ich am meisten." Das Reh putzt seinen Körper. Es kommt näher. Ich sage: „Es gibt immer mehr Menschen, die sich bewusst sind, dass ihr wichtig für uns seid und die neuen Lebensraum für euch schaffen. Seid zuversichtlich." „Wir richten keinen grossen Schaden an, fügen uns ein in das Ganze." Das Reh verschwindet im Unterholz.

Ich fühle mich abwartend beobachtet, ohne etwas

direkt zu sehen. Ich spüre die Anwesenheit der Waldgeister. Ich sage: „Ich verspreche, dass ich mich von nun an ebenfalls dem Ganzen unterordnen will und werde. Nichts geschieht mehr, ohne euch vorher zu fragen." „So bist du willkommen. Wir werden dich im Auge behalten".

Etwas braun durchscheinendes, kein Vogel, kein Käfer, mit kleinen Flügeln, kann aber nicht fliegen, nur von Ast zu Ast flattern, zeigt sich mir. War es eine Elfe, eine Fee? Zu schnell war es vorbei.

„Es ist mir eine Freude, dass ich dir den Blick öffnen konnte" sagt der Deva. Er steht unter dem Hochstand und schaut zu mir hinauf.

Ich gehe wesentlich entspannter zurück. Von allen Seiten höre ich leises Knacken und Rascheln. So werde ich begleitet und verabschiedet. Eine Stimme sagt noch: „Ich möchte dir etwas mitgeben." Mein Blick fällt auf einen roten Stein vor meinen Füssen, auf dem ein A und etwas Rundes erkennbar ist. A wie Anfang und O wie das Ganze. Mein Anfang, die Zusammenhänge des Ganzen zu erkennen und besser zu begreifen.

Ich fühle mich durch diese Erlebnisse unheimlich gestärkt.

Reise: Verbindung mit dem Hausgeist aufnehmen

Mit Hilfe meines Krafttieres schaue ich von der Terrasse aus in mein Wohnzimmer. Da sitzt sie auf der Lehne des Sofas: eine dünne freundliche Frau, etwa 30 cm gross, mit einem langen blauen Kleid.

Ich sage zu ihr: „Ich hab dich noch nie bemerkt. Seit wann bist du hier?" Sie antwortet: „Bei euch gefällt es mir. Es ist so ruhig und friedlich. Seit ich da bin, brauchen die Katzen kein Halsband mehr. Ich schaue zu ihnen. Es ist gut, dass du Dora* in unsere Familie geholt hast. Sie passt gut zu uns." Sie schwebt von einem Zimmer ins andere und lächelt ständig. Sie wohnt in der Katzenbaumhöhle.

Anmerkung: Seit wir die beiden Katzen Maggy und Alexa haben, tragen beide Halsbänder. Vor drei Wochen haben sie diese im Abstand von wenigen Tagen verloren.

Einige Tage später fragte ich sie nach ihrem Namen. Sie heisst Griseldis.

*Dora ist eine Freundin, die als Wochenaufenthalterin das Zimmer meines Sohnes gemietet hatte, als dieser für einige Zeit auf eigenen Wunsch im Internat der Privatschule, die er besuchte, wohnte.

Reise: Seelenrückholung für verlassene Orte

Es handelt sich um einen verlassenen Ort in meinem Wohnort. Das Jugendzentrum wird nicht mehr betrieben, es soll verschwinden, aber die Jugendlichen treffen sich trotzdem noch dort, es gibt Schlägereien, die Jugendlichen trinken Alkohol. Niemand geht gerne dorthin.

Ich gehe mit meinem Krafttier an diesen Ort. Er ist umgeben von schwarzem Nebel. Wie können wir diesem Ort helfen?

Mein Krafttier bringt mich in das Behindertenheim des Ortes. Dort wachen Kobolde und Elfen über die behinderten Kinder. Ich frage, ob jemand die Aufgabe übernehmen wolle. Sie hätten schon davon gehört, dass es dort kein guter Geist lange aushält. „Wir versuchen es zu Zweit". Ein Kobold und eine Elfe kommen gleich mit uns.

Als wir ankamen und sie den Ort betraten, löste

sich der schwarze Nebel auf. Die beiden leben nun im Raum der Jugendlichen. Seither geht es dort viel freundlicher und fröhlicher zu.

Tod und Sterben

Reise zur Grenze

Ich bin durch ein Bild gegangen, das an der Wand hängt und ein Felsenmotiv zeigt. Mein Krafttier geht mit mir durch eine Höhle. Am Ausgang stehe ich vor einem Abgrund. Ich weiss, dass es hier nicht mehr weiter geht.

Als ich das erkenne, wird eine Lichtbrücke sichtbar, die in gleissendes Licht führt. Mir wird klar, dass dies eine Möglichkeit für Sterbende ist, den Weg ins Licht zu finden.

Ich widme die Aufmerksamkeit meinem Krafttier, streichele und lobe es, sage ihm, dass ich froh bin, ihn, den Hirsch, als Begleiter zu haben.

Reise zu den Toten

Mit meinem Krafttier reise ich in die Obere Welt.

Wir sind im Kristallpalast im halbrunden Bergkristall mit den Einbuchtungen. In jeder Einbuchtung befindet sich ein Kopf. Ich frage: „Möchte jemand mit mir Kontakt aufnehmen?" Keine Antwort.

Von draussen kommt ein kleines Mädchen hinein. Ich weiss sofort, es ist das Kindergartenkind, das letztes Jahr in meinem Wohnort tödlich verunglückt ist. „Sag meiner Familie, dass sie mich loslassen können. Ich habe hier eine gute Zeit, habe neue Freunde gefunden und bin fröhlich." „Aber ich kenne deine Familie gar nicht. Kann doch nicht einfach an der Türe klingeln. Ich verspreche aber, wenn sich die Gelegenheit bietet, mache ich das." Sie hat kurze braune Haare und trägt ein Kleid gelb, rosa, weiss, gestreift, rosa Ohrringe.

Ich konnte nachher kaum darüber sprechen, so voller Tränen war ich. Von meinen Freunden bekam ich den Tipp, es evtl. von einer dritten Person ausrichten zu lassen.

Es ist nun viele Jahre her, ich habe es noch nicht ausgerichtet.

Reise: Verlorene Seelen zurückbringen

Ich befinde mich an einem breiten, langen Strand. Zwischen den sich sonnenden Menschen sehe ich graue durchsichtige Gestalten mit stummen, ausdruckslosen Gesichtern. Sie sitzen, liegen dort, einige hängen in den Palmen.

Ich begreife, das ich mich an einem Tsunamistrand befinde. Ich sage zu meinem Krafttier, dass ich abbrechen möchte, es nicht schaffe. Es ist zu heftig.

Mein Krafttier kommt ganz nah zu mir und sagt: „Du musst es machen, du kannst es!"

Nun sehe ich mich am Ufer stehen, da, wo das Wasser beginnt, neben mir ein Bär und höre mich sagen: „Ich hole euch hier raus."

In dem Moment zeigt sich eine Lichtbrücke und die Gestalten laufen an mir vorbei ins Licht.

Seither schaue ich im Fernsehen keine Katastrophenmeldungen mehr. Bei Schreckensmeldungen über Krieg, Tote und Zerstörung schalte ich sofort um. Das brauche ich nicht mehr. Es war so erschütternd, was ich wahrgenommen habe, unvorstellbar. Diese erschrockenen Gesichter der Toten. Keiner von ihnen hat begriffen, was geschehen ist.

Reise: Erkundungsreise „Fegefeuer". Was ist da los?

Ich befinde mich in der Mittleren Welt in einem Höhlensystem. Jede Höhle ist sehr hell und rund. In jeder Höhle sitzt in der Mitte eine Lichtgestalt. Um sie herum liegen Menschen, die Füsse gegen die Mitte, den Kopf zur Höhlenwand hin. Sie kommunizieren still miteinander wie während einer Therapie. Pro Höhle wird ein bestimmtes Thema therapiert. Immer wieder steht mal einer auf und geht durch einen langen Tunnel ins Licht.

Ein Kommen und Gehen.

Den brodelnden Kessel und den Teufel habe ich dort nicht vorgefunden. Das ist ein Märchen als Angstmacher für Kinder – leider!

Reise: 20 Min. Reise in das Land der Seelen (über die Grenze nach meinem Tod)

Diese Reise ist nicht ungefährlich, deshalb haben wir vorher einen Vertrag mit unserem Schamanen-Lehrer abgeschlossen, dass wir wieder zurückkommen. Es wurde ein Codewort vereinbart und wir nannten einen Grund für das Zurückkommen.

Mein Krafttier geht mit mir wieder durch die Höhle bis vor den Abgrund, an dem es nicht mehr weiter geht.

Wir stehen vor der Lichtbrücke, die in gleissendes Licht führt. „Hier verabschiede ich mich von dir", sagt mein Krafttier, „ich darf dich nicht weiter begleiten. Aber ich warte hier auf dich."

Ich gehe über die Lichtbrücke dem Licht entgegen. Ich durchquere einen Lichtvorhang und befinde mich vor einer Brücke, die zu einer Insel führt. Ich überquere diese Brücke. Sie ist nach oben gewölbt, also muss ich leicht hinaufgehen und leicht hinunter. Auf der Insel angekommen gibt es einen langen Weg, der nach oben auf einen Hügel führt. Auf der rechten Seite, gleich zu Beginn hinter der Brücke auf der Insel stehen Lichtwesen in langen weissen Gewändern und begrüssen mich freundlich. Ich erkenne einzelne Gesichter, vergesse sie aber gleich wieder. Oben angekommen bekommt man die Möglichkeit, direkt weiter durch einen weiteren Vorhang zu gehen oder man kann nach links weiter laufen, den Hügel hinab. Auf diesen Weg wird man geprüft und man kann sich entscheiden, ob man noch einmal ein Leben haben möchte. Ich gab den Lichtwesen zu verstehen, dass ich es noch einmal versuchen möchte, das heisst, ein weiteres Leben zu bekommen. Es wurde mir gewährt, aber nicht gesagt, als was (in welchem Körper).

Ich durfte aber auch kurz durch den Vorhang weiter oben schauen. So ging ich statt nach links weiter nach oben mit klopfendem Herz. Ganz vorsichtig näherte ich mich diesem gleissenden Lichtvorhang und steckte ganz langsam den Kopf hindurch. Ich sah eine grosse Wiese mit vielen bunten Blumen, Pflanzen und Bäumen. Es war sauber, ruhig, freundlich. Die Menschen hatten alle einfarbige Gewänder an, verschiedene Farben, gingen liebevoll miteinander um. Sie blieben so alt wie sie zum Zeitpunkt ihres Todes waren. Es kümmerten sich alle liebevoll um die Kinder, es wurde gespielt und gelacht.

Nach kurzer Zeit wurde ich sanft zum Zurückgehen gebeten. Mein Krafttier empfing mich am anderen Ende der Lichtbrücke wieder und wir kehrten zurück.

Das Läuten des Handys unseres Schamanen-Lehrers holte die Letzte von uns zurück. Sie wollte trotz Vertrag dort bleiben, es war für sie zu schön, um wieder zurück zu kommen.

Nach dieser Reise flossen viele Tränen. Für mich hat der Tod seinen Schrecken verloren.

Reise in einen anderen Körper

Wir besprachen vorher, in welchen Körper wir reisen wollten. Ich entschied mich für Mahatma Ghandi.

Die Suche nach der Seele von Mahatma Ghandi war schwierig. Er sass ganz bescheiden in einer hinteren Ecke. Ich spürte viel innere Ruhe und Vertrauen. Seine Bescheidenheit war beeindruckend. „Beschäftige dich mit den wirklich wichtigen Dingen, nicht mit mir." sagte er fast mürrisch, was mich verwunderte. Jedenfalls wandte ich mich von ihm ab.

Das Kindergartenkind kam wieder. In seinen Körper durfte ich schlüpfen. Es lebt nur in der Gegenwart. Es vermisst Eltern und Schwester nicht. Wird von einer Gemeinschaft behütet und begleitet, die es gut mit dem Mädchen meinen. Sie singt, tanzt und lacht viel. Sie ist dort am für sie richtigen Ort. So empfindet sie es.

Reise zur grössten Angst

Ich stehe auf einer Festivalbühne, unten das Publikum. Ich werde nicht wahrgenommen. Niemand beachtet mich. Ich bringe keinen Ton heraus. Ich habe Angst zu versagen. Niemand will hören, was ich zu sagen habe, ich selber auch nicht!

Ich frage meinen Lehrer in der nicht alltäglichen Welt, was ich tun soll. „Bereite dich gut vor, was du zu sagen hast, erzähl es dir selber und sei begeistert von dir, dann werden es andere auch sein. Ich stelle dir einen Engel zu Seite, der wird dir den Rücken stärken."

Ich stand wieder auf der Bühne und spürte die Wärme im Rücken und noch bevor ich etwas sagte, verstummte das Publikum. Ich konnte sagen, was ich zu sagen hatte, mit der Kraft im Rücken und es war ganz leicht und einfach.

Reise zum Vulkan der inneren Kraft

Ich lasse mir von den Spirits zeigen, wie die Energie kanalisiert werden kann, wie mein Leistungspotential entwickelt wird.

Die Trommel begleitet mich. Ich bekomme immer wieder Kopfweh, stechende Schmerzen. Ein Hinweis darauf, dass sich der Kopf dagegen wehrt, dass das Herz das Ruder in die Hand nimmt.

Die Botschaft ist: „Intuition und Herzenswärme brauchen Raum. Öffne dich ruhig noch mehr und lass es zu."

Ausschalten des Kopfes. Absolutes Vertrauen in meine eigene Intuition. Stärkung durch die Spirits. „Du darfst jederzeit unsere Hilfe in Anspruch nehmen!"

Reise zu den Ahnen. Woher habe ich welche Kraft?

Ich befinde mich in Russland. Eine freundliche alte Frau stellt in einer Art Atelier die Russischen Püppchen her. „Ich möchte das auch können", sage ich zu ihr. „Du hast doch einen Engel, der dir den Rücken stärkt. Fang einfach an. Du kannst es." Sie spricht weiter: „Aber eigentlich kommen die Menschen zu mir, weil ich ihnen heilende Kräuter gebe. Ich darf das nicht, deshalb verstecke ich sie in den Zwischenräumen der Püppchen."

Sie sei eine Ahnin mütterlicherseits. „Von Vaters Seite sind alles renommierte Handwerker, daher hast du das Geschick."

Ich bedanke mich herzlich bei ihr. Diese Begegnung gibt mir Mut, etwas herzustellen.

Und ich habe einiges hergestellt in der Zwischenzeit: Tiffanylampen und −spiegel, Bilderrahmen und einiges mehr.

Reise zur Seele von Mutter Erde

Der Krater, an dessen Rand ich stehe, ist licht-
durchflutet und besteht aus Edelsteinen und Kris-
tallen. Ich steige hinab, komme mir vor wie ein
Kind in einem Spielzeugladen. Ich berühre die
Wände. Es kribbelt kalt und warm durch meinen
Körper. Ich bin glücklich und traurig gleichzeitig.
„Arbeite weiter intuitiv mit den Steinen", höre ich.
„Bei Unsicherheiten frage deinen Engel um Hilfe."

In zwei Monaten habe ich im Sinn, eine Ausbildung zur Edelsteintherapeutin zu machen. Ich bekomme die Botschaft: „Du bist auf dem richtigen
Weg."

Reise: das eigene Feuer

Der Bär vom Strand (er steht für Mut, Stärke und Schutz) begleitet mich an den Fuss eines Vulkans. „Du wirst künftig vermehrt meine Unterstützung benötigen", sagt er.

Ich spüre die Kraft des Feuers. Ich kann den Vulkan umfassen und spüre, wie das Feuer in meinen Adern fliesst und pulsiert. „Wie kann ich damit arbeiten?" frage ich.

Ich trete einen Schritt zurück. Feuer kommt aus meinem Herzen und aus den Händen. „Menschen, die du berührst, werden deine Wärme spüren."

Das ist jetzt etliche Jahre her. In der Zwischenzeit bin ich Geistige Heilerin, lege oft meine Hände auf Menschen und diese spüren die Wärme und fühlen sich nachher besser.

...weil es JETZT an der Zeit ist.

www.SiGN.ag

Sign by Jwala

Reise in die Obere Welt. Bin ich bereit, ein Lehrer zu sein?

Ich befinde mich im Kristallpalast, sehe vor mir, grösser als sonst, die Bergkristalldruse, lichtdurchflutet. Die Köpfe aus den Einbuchtungen, die mir verwehrt hatten, in ihre Körper zu schlüpfen, tragen nun lange Lichtgewänder und sitzen im Kreis um mich herum. Ich stehe in der Mitte. „Willst du ein Lehrer sein?" Ich spüre Unsicherheit und den Gedanken ‚nicht wirklich!'.

In dem Moment kommen verschiedene Krafttiere aus den Einbuchtungen, zerreissen meinen Körper und fliegen mit den Stücken in die Höhlen/Einbuchtungen. Nach einer Weile kommen sie zurück und ich fühle mich neu zusammengesetzt, etwas grösser und mit einem stärkeren Rücken.

Ich bekomme ein weisses, langes Gewand. Sie bieten mir einen Platz in ihrer Mitte an. „Wir haben für dich vorgesehen, dass du verstorbene Seelen begleitest als Vermittler zwischen den Welten.

Wir werden dich kontaktieren."

Ich spüre wieder Unsicherheit und auch Angst.
Wir stellen dir zwei Engel an die Seite. Ich spüre,
wie sie neben mir stehen. Es sind zwei Jünglinge,
einen Kopf grösser als ich. Es ist ein so schönes
Gefühl, sie an meiner Seite zu haben. Mit festem
Schritt schreite ich aus dem Saal.

Mein Schamanen-Lehrer führte anschliessend mit
mir ein Einzelgespräch und erklärte, es sei eine
grosse Ehre, von dem Beraterkreis einen Platz in
ihrer Mitte angeboten zu bekommen.

Wir Schamanen arbeiten im 8. Chakra (1 Hand-
breit über dem Kronenchakra). Ich dürfe nun im 9.
Chakra arbeiten. Dort können Veränderungen be-
einflusst werden, z.B. Erdheilungen, Wetter verändern und vieles mehr. Er kenne nur 14 Schamanen,
die auf dieser Stufe seien. Ab dem 10. Chakra beginnt die Schöpferebene.

Einige Tage später frage ich den Beraterkreis, ob sie einen Schamanischen Namen für mich vorgesehen haben. „Es ist noch zu früh. Jemand wird den Namen aussprechen und du wirst wissen, dass es deiner ist." „Ist es wahr, dass ich eine weisse Kette tragen sollte?" „Ja, es ist eine Energiekette." Wann erhalte ich meine Aufgaben?" „Bereite dich zuerst gut vor."

Jahre später. Während ich dieses Buch schreibe – was heisst schreibe, es fliesst mir aus den Fingern und ich kann nicht aufhören, es fliessen zu lassen - fühle ich mich bereit, meine Aufgaben zu erhalten...

Dunkelheit und Schatten

Reise in die Dunkelheit

Ich reise mit meinem Krafttier (Hirsch) an den Rand einer Höhle. Wir gehen soweit hinein, bis uns Dunkelheit umgibt.

Der Hirsch übergibt mich einer grösseren Spinne. Ich sehe sie nicht, aber ich spüre sie. Sie führt mich durch die Dunkelheit tiefer in die Höhle. „Hab Vertrauen", sagt sie, als ich zögere, weil ich so etwas wie Platzangst bekomme. Ich sehe absolut nichts.

Ich habe das Gefühl, dass wir in einem grossen Raum ankommen und setze mich auf den Boden. Ich spüre die Spinne neben mir. „Was soll ich hier?" frage ich sie. „Spüre wie die Dunkelheit ist."

Es ist nicht kalt, es wird immer wärmer und weicher. „Du kannst wieder kommen, wenn du mehr erfahren willst."

Reise: wer ist mein Ansprechpartner?

Ich befinde mich wieder am Ort der Dunkelheit.
Ich stelle der Spinne meine Frage: „Was soll ich
hier?" „Benutze deine Sinne" antwortet sie.

Ich spüre, wie sich neben mir etwas verändert. Die
Spinne wird grösser und richtet sich auf. Ich berühre sie von oben bis unten, spüre ihre Arme, ihr
Körper ist behaart, ganz weich. Das Gesicht weich
und runzlig, freundlich. Sie legt die Arme um mich
(so wie mein Lehrer in der Unteren Welt). Sie duf-
tet gut.

„Du solltest stets hinter mir bleiben. In der Dunkelheit gilt es, sich vorsichtig zu bewegen und es
gibt Grenzen, die nicht jeder jederzeit überschrei-
ten darf."

*Ich hatte das Gefühl, im Meditationsraum stehe
jemand hinter mir. Ich hörte knackende Geräu-
sche. Es war aber niemand dort. Meine Freundin
neben mir hat es auch gehört, die anderen nicht.*

Reise: Begegnung mit meinem grössten Schatten

Frage: Was hemmt mich auf meinem Weg zu meiner Selbständigkeit?

Eine Haube aus Federn liegt schwer auf mir. Meine Spinne nimmt mir den „Panzer" ab.

Ich sehe mich in einem langen Gewand davon schreiten mit neuem Selbstbewusstsein.

Eigene Schatten, was ich immer wieder mache und mir schadet

- zuviel hinterfragen
- ein Problem zerreden
- Zugeständnisse machen
- Veränderungsprozess verzögern
  (Ausreden: zuwenig Geld, Raumproblem)
- Perfektion anstreben
- Konfrontationen vermeiden
- Lernen unter Druck

Seelenanteile zurückgeben, neue Seelenanteile erhalten

Ich spüre, dass Erik heute mein Mensch ist. Mit ihm möchte ich zusammenarbeiten. Er verkörpert das, was ich will.

Ich gebe diese Seelenanteile ab: Ehrgeiz, Anerkennung, Selbstbestätigung.

Ich erhalte diese Seelenanteile: Unbekümmertheit, Fröhlichkeit, Anteile meines Inneren Kindes (das hatte ich mir sehr gewünscht)

Es fühlt sich unbeschreiblich an, als Erik diesen Austausch vornimmt. Es erfüllt mich mit grosser Zufriedenheit. Ich muss lachen, mir kommen die Tränen, es ist herrlich. Endlich fühle ich mich so, wie ich sein wollte. Ich kann nicht aufhören, mich zu freuen.

Erik's Rat: Geh unter die Leute. Deine Ausstrahlung wird sie zu dir bringen. Die Gefässe „Geld verdienen" und „Berufung" sind zu trennen. Eine Verlagerung findet erst nach und nach statt. Du hast viel zu geben. Es werden nur Menschen zu dir kommen, denen du etwas geben kannst. Es wird ihnen reichen. Perfektionismus ist nicht anzustreben. Das bringt nicht weiter.

Als ich dann Erik's neue Seelenanteile im Körper verteile, spüre ich mit den Händen, wie sie durch das Herzchakra eindringen und sich über den Rücken im Körper verteilen. Es ist ein unglaubliches Gefühl.

Ich integriere die neuen Seelenanteile in meinen Moldavit (ein Kristall, er entstand vor etwa 15 Mio. Jahren durch den Aufprall eines Riesenmeteorits im Bereich der heutigen Moldau. Er lässt immense geistige Dimensionen erleben. Es ist ein magischer Stein).

Reise: Strukturen in der Welt der Dunkelheit

Ziele:

- das Gegenteil „des Guten" als Erkenntnis wahrnehmen
- der Sitz der zerstörerischen Kräfte
- mehr Erleuchtung = weniger Dunkelheit = weniger zerstörerische Kräfte
- das Gleiche, was es im Licht gibt, gibt es auch in der Dunkelheit

Mein Spinnentier führte mich durch einen Gang in einem runden Gebäude / Gemäuer. Links und rechts sind Türen. Ich durfte hinter verschiedene Türen schauen:

Tür: Vulkanausbruch = Überbevölkerung

Tür: Unter Wasser, Wellen = Gier

Tür: Erdbeben = Umweltverschmutzung

Tür: Arm und Reich = Toleranz

Tür: Glaubenskriege = Akzeptanz

„Hier findet der Ausgleich statt. Wir sorgen für Gleichgewicht" sagte die Spinne. „Durch die Quergänge zur nächsten Ebene darfst du ein anderes Mal gehen."

Die Wesen in der Dunkelheit täuschen uns manchmal. Wenn uns etwas nicht geheuer ist, sie auffordern: „Zeig mir deine wahre Gestalt". So kann man sich vor trügerischen Mächten schützen, sie erkennen.

Reise: Weitere Geschenke der Dunkelheit als Ausgleich?

Ich frage meinen Spinnenbegleiter. Er führt mich an eine Tür. In einer Vertiefung stehen Schilder. „Nimm dir, was du brauchst."

Ich ziehe ein Schild nach dem anderen heraus: Aufrichtigkeit, Demut, Bescheidenheit, Liebe. „Das hab ich doch alles schon", sage ich. „Pech gehabt", antwortet die Spinne. „Aber du hast noch Schatten, die du zurückgeben kannst, dann bekommst du, was du brauchst. Es gibt nichts geschenkt."

Reise: Welche Macht habe ich ausgetauscht und welche habe ich erhalten?

Ritual für Erhalt der Eigenmacht.

Hinter einer Tür sitzt eine Frau mit langen schwarzen Haaren, schwarzem Gewand und langen Halsketten. „Welche Macht habe ich erhalten?" frage ich. „Die Macht der Manipulation". „Und welche Macht habe ich zurückgegeben?" „Die Macht der Überlegenheit."

Sie überreicht mir eine grosse Feder. „Damit kannst DU den Ausgleich schaffen. Und benutze die grünen Steine." Dort, wo die grünen Steine liegen, musst du mit der Feder arbeiten. Die Feder nimmt die negative Macht auf, lässt sie durch sich hindurch fliessen und gibt gute Macht zurück. Streife mit ihr über den Körper."

ENDLICH WEISS ICH, WAS ICH MIT DER ADLERFEDER MACHEN KANN. DAS MACHT MICH SO GLÜCKLICH.

Reise: Verbindung mit der Dunkelheit, Aufgaben, Fähigkeiten, Nutzen? Arbeiten mit der ‚wahren Gestalt'

Die junge Frau mit dem schwarzen Gewand führt mich in einen Raum mit einer gewaltigen Waagschale, darunter stehen zwei Kinder. Sie legt abwechselnd in die Schalen Liebe/Hass, Trauer/Fröhlichkeit, usw. „Das sind meine Kinder, ich will sie beide behalten, deshalb will ich für Ausgleich sorgen".

„Zeig mir deine wahre Gestalt", sage ich. Sie verwandelt sich in eine alte runzelige, liebenswürdige Frau. „Was ist meine Aufgabe?" frage ich. Sie führt mich durch die Quergänge zum Innern des runden Gebäudes.

Dort sieht es ähnlich aus wie im Kristallpalast in der oberen Welt. In der Mitte befindet sich eine Kugel, in der die Welt sichtbar ist. Ich sehe Vulkane, aber auch die Stille der Wüste. Aus dem Dunkel treten Gestalten mit schwarzen Umhängen.

Einer legt mir einen Umhang um und sagt: „Deine Aufgabe ist es, für Ausgleich zu sorgen. Gehe sorgsam mit den Menschen um. Arbeite mit den Steinen und benutze die Feder so oft wie möglich."

Jede zweite der anwesenden Gestalten ist eine Gruselige (Ausgleich). Solange ich den Umhang habe, ist hinter mir eine Fratze als Schatten. „Niemand ist nur gut. Komme, wann immer du uns brauchst. Wir kennen deine Aufgabe in der hellen Welt (Vermittler zwischen den Welten)."

„Deine Fähigkeit wird die Stärkung deiner Intuition sein. Vertraue ihr stets!"

Reise zu den dunklen Kräften

Bekleidet mit dem schwarzen Umhang darf ich an dem Spinnentier vorbei in die Mitte schreiten. Es wird mir der Einblick in die Welt der Dämonen gewährt.

Ich gehe an der Kugel in der Mitte durch eine Schleuse, die mir einen Schutzkreis gibt. Ich stehe inmitten von Menschen. Fröhliche und Deprimierte sowie Resignierte. Diese sind grau und farblos. Hinter ihnen sind Dämonen (als dunkle Energie wahrnehmbar), die direkt mit ihnen in Verbindung stehen und sie anzapfen. Je schwächer der Mensch, je grösser der Dämon. Einige sind durchsichtig. Das sind Dämonen im Inneren in Form von Krankheiten. „Man kann sich von den Dämonen befreien, wenn man mit dem Inneren Kind in die Runde springt und tanzt, sodass die dunklen Mächte weggeschleudert werden. Schau dazu, dass du die Menschen darauf aufmerksam machst, ihnen Kraft und Energie gibst, zu widerstehen. Schutz ist wichtig!"

Reise: wie begegnen wir den dunklen Mächten?

Ich sehe in der Kugel in der Mitte des Raumes folgendes:

Eine Gruppe Jugendlicher, die einen Wehrlosen schlagen.

„Es gibt Experten in der dunklen Welt, die den Tätern Energie absaugen, damit man mit ihnen verhandeln kann, ihre Mächte (z.B. Aggressivität) zurück zu geben. Die Experten werden nur geschickt, wenn sie angefordert werden. Schutz ist wichtig. In der Schutzkugel aufrecht gehen."

Flüche: wenn Neid bei Flüchen eine Rolle spielt, denjenigen um Verzeihung bitten und ihm liebevoll die Energie zurückschicken. Wenn es nicht aufhört, die göttliche Welt anfordern.

Flüche mit einem Netz auffangen, bis der Fluchende ausgepowert ist.

Flüche, die du aussprichst und zurücknehmen willst: Dämon um Verzeihung bitten. Er verwandelt sich in ein Kind, ein Teil von einem Selbst.

Reise: Aufgaben gemeinsam mit der Dunkelheit

„Du darfst den Menschen sagen, dass du spürst, wo die störenden/krankmachenden Energien sind und dass du sie entfernen kannst. Setze zuerst die Feder ein, nachher auf der gegenüber liegenden Seite am Rücken mit einem Bergkristall massieren. Der bringt Klarheit und löst die Blockaden auf.

Du hast Helfer, die über dich sprechen, so werden die Menschen zu dir kommen."

Reise: Frühwarnungen, gibt es das? Dürfen wir Vorahnungen weiter geben? an wen?

Es gibt Frühwarnungen und genug Lebewesen nehmen diese wahr (z.B. Tiere).

Ich frage: „Habe ich die Möglichkeit der Warnung?"

Mir wird gezeigt, wie es funktioniert:
Ich sehe mich in einer Grossstadt in einer Glasröhre hoch und runter schweben. Ich sehe das Wasser kommen (Überschwemmungsgefahr) und rufe den Menschen zu. Sie verstehen mich nicht.

Warum erhalten wir die Infos (Vorahnungen) dann, wenn wir nicht gehört werden? Um im engsten Umkreis warnen zu können.

Zu guter Letzt

Wann ist es Zeit, ein solches Buch zu beenden? Meine Beschreibungen richteten sich besonders auf einige Erlebnisse während meiner Ausbildung.

Ich könnte noch Gespräche mit Tieren, Erlebnisse während Atemsitzungen und Meditationen hinzufügen. Das würde aber den Rahmen sprengen. Also ist hier Schluss. Es wird ein weiteres Buch geben, in welchem ich meine Gespräche mit Tieren aufschreibe.

Der Weg, MEIN Weg ist natürlich noch lange nicht zu Ende. Es gibt noch so vieles zu entdecken und zu erleben.

Lebenslanges Lernen empfinde ich für mich wichtig. Ich werde immer Schüler bleiben, aber es reift auch der Gedanke, jetzt endlich auch als Lehrer Schüler zu begleiten, die das Feuer in sich entfachen möchten. Die das Alles, das Ganze, was sie bereits in sich haben, entfalten möchten.

So werde ich künftig auch Shanaya (ich gehe meinen Weg) und Sarah'Elina (die Wissende = mein kosmischer Name) wirken lassen. Diese Energien werden mir diejenigen Menschen schicken, die sich gerufen fühlen.

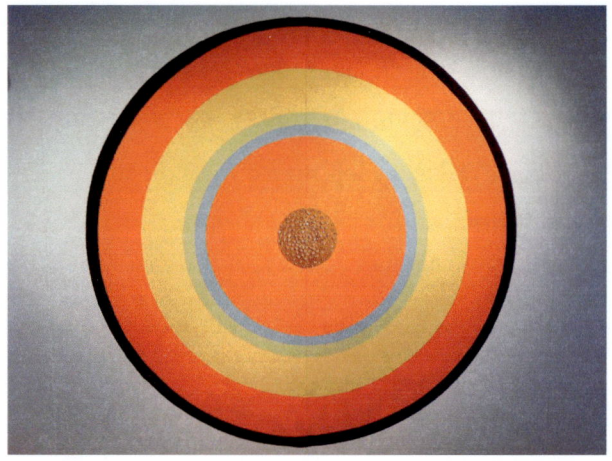

Gott wählt das Gesicht,

du wählst die Maske!

Kevin Liermann